AF324403

LA

BIBLIOTHÈQUE ET LE MOBILIER

D'UN LIEUTENANT PARTICULIER

AU SIÈGE ROYAL DE CHATEAU-GONTIER

SOUS LOUIS XIII

(1626 - 1627)

Par M. ANDRÉ JOUBERT

Lauréat de l'Académie des Inscriptions et Belles-Lettres
Membre de la Société de l'Histoire de France
De la Société des Anciens Textes français, etc.

MAMERS

G. FLEURY ET A. DANGIN, IMPRIMEURS-ÉDITEURS

—

1888

LA BIBLIOTHÈQUE ET LE MOBILIER

D'UN LIEUTENANT PARTICULIER

AU SIÈGE ROYAL DE CHATEAU-GONTIER

SOUS LOUIS XIII

(1626 – 1627)

BIBLIOTHÈQUE ET LE MOBILIER

D'UN LIEUTENANT PARTICULIER

AU SIÈGE ROYAL DE CHATEAU-GONTIER

SOUS LOUIS XIII

(1626-1627)

Par M. ANDRÉ JOUBERT

Lauréat de l'Académie des Inscriptions et Belles-Lettres
Membre de la Société de l'Histoire de France
De la Société des Anciens Textes français, etc.

MAMERS

G. FLEURY ET A. DANGIN, IMPRIMEURS-ÉDITEURS

—

1888

LA

BIBLIOTHÈQUE ET LE MOBILIER

D'UN LIEUTENANT PARTICULIER

AU SIÈGE ROYAL DE CHATEAU-GONTIER

SOUS LOUIS XIII

(1626-1627)

I.

Maitre René Quantin.

Le 5 octobre 1626, M⁰ René Quantin, conseiller du roi et
lieutenant particulier (1) au siège royal de Château-Gontier (2),
mourait dans sa maison, assisté à ses derniers moments
par sa femme, Jeanne Gaultier, son fils, M⁰ Jean Quantin,

(1) Le lieutenant particulier était un magistrat qui jugeait en
l'absence du lieutenant général dans les présidiaux et autres justices
royales. (A. Chéruel, *Dictionnaire des institutions, mœurs et coutumes
de la France*, t. II, pp. 663-664).

(2) La baronnie de Château-Gontier appartenait alors à la maison de
Bourbon. Louis XIII la possédait au même titre que le roi Henri IV,
son père, « jusqu'au mois de mai 1643, qu'il décéda. Les vassaux de
» Château-Gontier firent leurs obéissances entre les mains des offi-
» ciers du siège dudit lieu ». (*Généalogie des seigneurs de Châteaugon-
tier*, par A. de Martonne. *Commission hist. et arch. de la Mayenne.
Procès-verbaux et documents*, t. III (1882-1883), p. 301).

et sa fille, Françoise. Trois jours après, Jacques Blanchet, licencié en droit, ancien avocat au même siège (1), chargé de représenter le lieutenant général, maître René Poisson, se rendait au domicile du défunt, accompagné de maître Jacques Collin, greffier, pour procéder à l'inventaire et au partage du mobilier. La veuve et sa fille étaient présentes. Quant aux autres parents du lieutenant particulier, ils étaient absents à l'époque du décès, « à cause de la contagion qui estoit et est encore en ceste ville et forsbourgs ». Depuis le printemps, en effet, la peste désolait Château-Gontier. Le vendredi 17 juillet, l'entrée de la cité avait été formellement interdite aux gens qui venaient d'Angers ou des pays voisins, également infestés par le terrible fléau. Nous avons déjà raconté, dans un précédent travail, les mesures adoptées par l'assemblée de la Communauté des habitants pour essayer d'entraver la marche de ce mal foudroyant. L'épidémie persista jusqu'au milieu de l'été de l'année suivante (2).

Nous ignorons si maître René Quantin avait été victime de la peste, car notre document n'indique pas à quel genre de maladie il avait succombé. Toutefois, il est probable qu'il éprouva les atteintes de la contagion qui décimait la ville. Le 1er octobre, il avait renoncé à ses différentes fonctions, comme le prouve un acte signé de MM. Guérin, Collin et

(1) Henri IV, en créant le présidial de la Flèche, enleva au présidial du Mans la baronnie de Sainte-Suzanne et au présidial d'Angers la baronnie de Château-Gontier pour composer le nouveau ressort. Enfin, en 1640, la baronnie de Château-Gontier fut pourvue d'un siège présidial auquel on attribua une série de juridictions. L'édit de Louis XIII qui fixe la composition de ce siège présidial est daté du 7 mars 1640. Le texte de ce document figure à la bibliothèque de Château-Gontier. (L. Maître, *Dict. top. du dép. de la Mayenne. Introduction,* p. XXVII. — *Notice hist. sur Château-Gontier. Annuaire du dép. de la Mayenne,* pour 1878, pp. 299-300).

(2) Voir notre étude sur *la Peste de Château-Gontier, en 1626 et 1627, d'après des documents inédits,* Angers, 1881, Germain et G. Grassin, in-8º.

Girard. Quelques jours plus tard, il s'éteignait brusquement. Notre personnage avait remplacé en 1603 maître René Baudouin, lieutenant particulier. Le 17 octobre 1602, il avait acquis de maître François Fouquet (1) « l'estat de conseiller et le tiers de l'office d'enquesteur commissaire examinateur (2) ». Il avait acheté le 25 juin 1617 la terre de Châtelain vendue par Louise de Laubier. L'acte avait été passé devant Orry, notaire au Mans (3). Il possédait aussi les Moulins-au-Bois (4) et diverses autres métairies. Sa maison de Château-Gontier était grande et bien aménagée.

On commence donc, le 8 octobre, en présence de Jeanne Gaultier, assistée de maître Charles Lemoulnier, licencié en droit, son avocat, l'inventaire du mobilier. Dans « l'estude », on trouve différents meubles, parmi lesquels un bahut contenant une bourse de cuir blanc renfermant « soixante et cinq livres treze solz en quars d'escus testons et autres monnoys blanches ». Une autre somme « de douze livres deux solz en douzains vieux (5) », déposée dans une petite écuelle de bois rouge, est laissée à la veuve, pour ses aumônes, conformément aux intentions exprimées par son mari. La salle n'est ornée que d'un buffet. Dans une chambre voisine de l'étude, on remarque « un grand vieux coffre de bois de chesne, fermant de clef, dans lequel ladicte damoyselle Gaultier a dit y avoir des pouppées ». L'inventaire énumère ensuite une série de coffres, de bahuts, de cabinets, de « vaisseaux », de

(1) Cette famille Fouquet était alliée à celle du célèbre surintendant des finances de Louis XIV.

(2) René Quantin avait payé au roi, pour ces offices, la somme de cent cinquante livres.

(3) Le prix de la vente de cette seigneurie était de onze mille livres.

(4) Cette ferme, aujourd'hui détruite, n'est pas mentionnée dans le *Dict. top. du dép. de la Mayenne*.

(5) Le douzain valait douze deniers ou un sou. Il y avait aussi des demi-douzains.

« presses » servant à conserver le linge, la vaisselle, les papiers, les vieilles hardes et les effets de peu de valeur. Une pièce est affectée à l'oratoire. La garniture de tapisserie de la salle a été déposée dans la galerie. Le nombre des appartements visités est de douze. Le défunt n'avait pas l'habitude de garder de l'argent chez lui. Il l'employait « en constitutions de rente et augmentation de bâtiments », car il avait le goût de la truelle. Il avait fait de fréquentes dépenses pour agrandir et embellir sa maison, de 1618 à 1620.

Le lundi 23 novembre, les mêmes personnages sont réunis de nouveau pour continuer l'inventaire. Maître Jean Quantin, issu du premier mariage de René Quantin avec Renée Jousse (1), comparaît, assisté de maître Jacques Chailland, licencié en droit, son avocat et son curateur. La demoiselle Gaultier est accompagnée de maître Charles Lemoulnier, son avocat, et sa fille, Françoise, est suivie de maître Claude Arnoul, licencié en droit, son avocat et « son curateur en cause (2) ».

II.

La bibliothèque.

Le laborieux dépouillement des papiers, mémoires, comptes, quittances, enfouis dans une suite de sacs, ainsi que l'in-

(1) La famille Jousse occupait un rang important dans la bourgeoisie de Château-Gontier. Ses membres remplirent de nombreuses fonctions pendant plusieurs siècles. Plusieurs furent avocats, un Jousse était député au siège de l'élection avec J. Rousseau et Pagie, échevins en 1738. (*Notice historique sur Château-Gontier, ibid.,* p. 303).

(2) Le manuscrit dont ces détails sont extraits et qui sert de base à ce travail porte sur la couverture la mention suivante : « *8ᵉ octobre 1626. Inventaire des tiltres, papiers et meubles demeurez » de la commᵗᵉ de deffunct noble homme Mᵉ René Quantin. vivant » Lieutᵗ partᵉʳ à Chaugontier, et de damᵗˡᵉ Jeanne Gaultier, sa veufve, » fait audit Chaugontier le VIIIᵉ octobre 1626 ; au pied duquel est » l'acte de partage desdits meubles* ».

ventaire détaillé de la bibliothèque durèrent du 23 novembre au 4 décembre. Comme le lecteur le verra, l'énumération des cent trois livres laissés par maître René Quantin est très intéressante et très curieuse. La liste des volumes « trouvez en l'estude dudit deffunct, appretiez par les advocatz des parties », prouve que le lieutenant particulier était un magistrat instruit, ami des lectures sérieuses, qui avait su composer une remarquable collection d'ouvrages latins et français, relatifs à l'histoire, à la philosophie, à la religion, à la controverse et à la politique. Aucun écrit frivole n'a trouvé place sur les tablettes. Ouvrons donc la bibliothèque et faisons en l'examen :

« Premier. — Un livre intitullé *L'Azille et Deffense des Pupilles*, prisé dix solz, cy. . . . . X ˢ

» Un autre intitullé *L'Examen des Espritz propres aux Sçiances*, prisé dix solz, cy. . . . . X ˢ

» Autre intitullé *L'Yrenarchie, de Jean Dalleracq*, prisé huit solz, cy. . . . . VIII ˢ

» *Les Anthicquitez d'Anjou, par Hiret* (1), prisé huit solz, cy. . . . . VIII ˢ

» Autre intitullé *Syanus, Histoire Romayne*, prisé vingt solz, cy. . . . . XX ˢ

» Autre intitullé *Ambrosii Callepine Dixonariom*, prisé quarente et huit solz, cy. . . . . XLVIII ˢ

» Item, un autre intitullé *Desçisions de Boyrina*, couvert de parchemin, prisé vingt et cinq solz, cy. . . XXV ˢ

» Item, *Les Trois Notaires, de Papon*, couvertz de veau rouge, prisez ensemble quatre livres, cy. . . . IV ˡ

» Item, *Sintagina Juris*, en deux vollumes couvertz de veau noir, prisez quatre livres, cy. . . . . . . IV ˡ

---

(1) Cet ouvrage, publié à Angers, en 1605, chez Anthoine Hernault, IIᵉ du nom, qui avait succédé à son frère Jean, au titre d'imprimeur ordinaire du roi, par lettres du 17 mai 1604, fut réimprimé en 1618 et considérablement augmenté.

» *Le Codde Henry* (1), couvert de veau rouge, prisé soixante solz, cy. . . . . LX [l]

» *Chopin, Sur la Coustume d'Anjou* (2), en un vollume couvert de parchemin, prisé trente et deux solz, cy. XXXII [s]

» Item, *Jani Langleri Otruin Semestre*, vieux et rompu, prisé seize solz, cy. . . . . XVI [s]

» *Les Plaidez, de Monsieur Robiot*, couvert de parchemin, prisé vingt solz, cy. . . . . XX [s]

» *Paraphrase de Duval sur les Pseaumes de David*, couvert de parchemin, prisé trente et deux solz, cy.   XXXII [s]

» *Alliance des Loix Romaynes*, couvert de bazanne, prisé trente et deulx solz, cy. . . . . XXXII [s]

» *Le Recueil d'Arrestz, de Monsieur Louet* (3), commanté par Brodeau, prisé soixante solz, cy. . . . . . LX [s]

» *Indice des Droictz Royaux, par Bacquet*, couvert de parchemin, prisé dix solz, cy. . . . . X [s]

» *Les Estatz, Empires et Principaultez du Monde*, couvert de parchemin, prisé soixante solz, cy. . . . . LX [s]

(1) Le *Codde Henry* est une compilation faite sous Henri III par le président Brisson.

(2) Chopin (René), savant jurisconsulte, né près de la Flèche en 1537, mort en 1606 et annobli par Henri III pour ses traités du *Domaine* et de *la Police ecclésiastique*. Son *Commentaire sur la Coutume de Paris*, publié en 1596 et dédié au roi Henri IV, est justement célèbre.

(3) Georges Louet, sieur de la Motte-d'Orvaux et du Plessis-Rémond, fils de Clément Louet, lieutenant général de la sénéchaussée d'Anjou, né à Angers vers 1540, remplit diverses fonctions ecclésiastiques et fut installé, le 30 octobre 1598, abbé de Toussaint. Syndic du clergé de France, il avait fait partie de la commission pour le *démariage* d'Henri IV, qui le gratifia en reconnaissance de nombreuses dignités. Grand archidiacre de Paris depuis le 13 mai 1599, doyen en 1601, il était nommé à l'évèché de Tréguier, quand il mourut à la Rochelle le 4 octobre 1608, empoisonné dit-on par des justiciers du Parlement qu'il poursuivait. Il fut inhumé dans la chapelle des évèques à Saint-Maurice d'Angers. On lui doit le fameux *Recueil d'arrêts*, par ordre alphabétique de matières, avec notes (Paris, 1602), réimprimé déjà onze fois avant 1633, quand Brodeau prit la peine de l' « allonger d'un Commentaire ». Il a composé aussi d'autres ouvrages juridiques (*Dict. hist. de M.-et-L.* t. II, pp. 547-548).

» *Actions et Questions, de Pelleus,* en deux thosmes couvertz de parchemin, prisez soixante solz, cy. . . LX[s]

» *De l'Hommeau, Sur la Coustume d'Anjou,* couvert de parchemin, prisé vingt solz, cy. . . . ., . . XX[s]

» *Jubert, commansé en latin francés,* prisé vingt solz, cy. . . . . XX[s]

» *Desseings des Professions nobles illustres, par Anthoyne de Laval,* couvert de parchemin, prisé vingt solz, cy. XX[s]

» *Notables singullieres questions de droit, par Menard* (1), prisé quarente solz, cy. . . . . XL[s]

» *La Praticque, de Mazuere,* prisé seize solz, cy. XVI[s]

» *Le Trezor de l'Elocquance Françoise,* prisé seize solz, cy. . . . . XVI[s]

» *Le Procès civil et criminel Du Bourg* (2), prisé seize solz, cy. . . . . XVI[s]

» *Traicté general des Criées,* prisé seize solz, cy. XVI[s]

» *Remarques du Droit François, de Remond,* prisé seize solz, cy. . . . . XVI[s]

» *Les Loix abregées,* prisées dix solz, cy. . . . X[s]

» *Pledoyez, de Monsieur Lebret,* prisé seize solz, cy. XVI[s]

» *Praticque, de Monsieur Lizet,* prisé cinq solz, cy. V[s]

» *Arrestz antiens, de Papon,* prisez seize solz, cy. XVI[s]

» *Maxime Generalle du Droit François, De l'Hommeau,* prisé quinze solz, cy. . . . . XV[s]

» Item, *Un Vieil Coustumier d'Anjou,* prisé dix solz, cy. X[s]

» *Questions de droit et de praticque, par Rochette,* prisé huit solz, cy. . . . . VIII[s]

(1) Sans doute Claude Ménard, né à Saumur le 1er septembre 1574, fils de Pierre Ménard, sieur du Tertre, juge de la prévôté et de Marie Vallier, auteur de nombreux ouvrages historiques, mort le 20 janvier 1652, chez son gendre, au château d'Ardenne en Corzé, inhumé à Angers dans la chapelle des Pénitentes. (Voir la liste de ses livres dans le *Dict. hist. de M.-et-L.,* t. II, p. 651-652.)

(2) Probablement le procès du fameux Antoine du Bourg, conseiller au Parlement de Paris, pendu et brûlé en place de Grève sous le règne de François II.

» *Descizions, dudit Rochette*, prisé huit solz, cy.   VIII ˢ

» *Le Digeste du droit praticque, de François de Ponsle*, prisé seize solz, cy. . . . .   XVI ˢ

» *Resollutions polliticques, par Jean Marnix*, prisé huit solz, cy. . . . .   VIII ˢ

» *Thosme second des Responces, de Carondas*, prisé cinq solz, cy. . . . .   V ˢ

» *Codille des Requestes*, prisé cinq solz, cy. . .   V ˢ

» *Chronicque praticque des notaires, par Cothereau*, prisé cinq solz, cy. . . . .   V ˢ

» *Les Conceptions, de Hierosme Caranbert*, prisé cinq solz, cy. . . . .   V ˢ

» *Coustume du Mayne*, prix huit solz, cy. . . .   VIII ˢ

» *Epitre de Cunacque*, vieil, fripé, prisé cinq solz, cy. V ˢ

» *L'Institution du Prince*, prisé cinq solz, cy. . .   V ˢ

» *La Demonomanye, de Bodin* (1), prisée seize solz, cy. . . . .   XVI ˢ

» *Le Thimée, de Platon, en françois*, prisé huit solz, cy. . , ...   VIII ˢ

» *La Saize, de Carondas*, prisé vingt solz, cy.   XX ˢ

» *La Theollogye naturelle, de Ramond Sebon* (2), prisé seize solz, cy.. . . . .   XVI ˢ

» *Deux vollumes d'Istoires de France septuenaire*, prisé vingt solz, cy. . . . .   XX ˢ

» *Une vieille Bible*, prisée vingt solz, cy. . . .   XX ˢ

» *Epitaites, de La Porte*, prisé cinq sols (3), cy. .   V ˢ

(1) La *Démonomanie*, de Jean Bodin, ouvrage singulier, imprimé tour à tour à Paris, à Anvers, à Lyon, à Rouen, de 1580 à 1604, fut traduite en latin et en italien. Bodin était né au village des Banchets, près Angers. Son ouvrage intitulé *De la République* est également renommé.

(2) La Théologie naturelle de Raymond Sebon a été traduite en français par Montaigne en 1581. L'ouvrage se vendait à Paris chez Guillaume Chaudière.

(3) Les *Épithtes*, de M. de la Porte, parisien; Paris, G. Buon, 1580.

» *La Suicte des Diversitez, Du Bellay* (1), prisé cinq
solz, cy. V ^s

» *Le Discours de l'Estal,* prisé huit solz, cy. . . VIII ^s

» *L'Hipostrer,* prisé quinze solz, cy. . . . . . . XV ^s

» *Commentaire de l'Ordonnance de trente neuf* (2), *par
Constantin,* prisé huit solz, cy. . . . . VIII ^s

» *Petites Institutions Francés Françoize,* prisé cinq solz,
cy. . . . . V ^s

» *Traicté des Diverses Jurisdictions de France,* prisé
trois solz, cy. . . . . III ^s

» *Les Polliticques, de Lipse* (3), *en françois,* prisé cinq
solz, cy. V ^s

» *Office du Juge, par Buret,* prisé cinq solz, cy. . V ^s

» *Consiliatio locquorom communoz Cartiné Scripturé
Sairé,* prisé dix solz, cy. . . . . X ^s

» *Vallere Maxime,* couvert de veau rouge. — *Justin,*
couvert de veau rouge. — *Julles Cezart,* aussy couvert de
veau rouge, prisez ensemble seize solz, cy. . . . XVI ^s

» Item, *trente et huit petictz vieux livres d'humanité, les
uns lattins, les autres françois,* prisez dix solz, cy.   X ^s »

Dans le même appartement, on trouve ensuite : une cara-
bine, prisée douze livres ; une épée, prisée trente-deux sous ;
un javelot doré, prisé aussi trente-deux sous ; « une douzainne

(1) Vraisemblablement Joachim Dubellay, deuxième fils légitime de
Jean Dubellay, sieur de Gonnord, et de Renée Chabot, né à Liré
(M.-et-L.), en 1523, célèbre poète français, mort des suites d'une
apoplexie le 1er janvier 1560 (n. s.) Il fut inhumé, croit-on, à Notre-
Dame de Paris, aux côtés de l'archidiacre Louis Dubellay, et son *Tom-
beau,* dont lui-même avait fait l'épitaphe, fut célébré par Ronsard,
par Rémi Belleau et par tous ceux qui l'avaient applaudi triomphant.
(Voir les titres de ses ouvrages dans le *Dict. hist. de M.-et-L.,* t. II,
pp. 68-69.)

(2) C'est l'Ordonnance de Villers-Cotterets, rendue en 1539.

(3) Le chef-d'œuvre de l'illustre philologue, Juste-Lipse, est son
Commentaire de Tacite. Ce savant, d'origine flamande, né en 1547,
mourut en 1606. Ses ouvrages sont très nombreux. La collection com-
plète de ses œuvres a été publiée à Anvers, 1637, 6 vol. in-fol., et à
Wesel, 1675, 4 vol. in-8°.

et demie de vaisselle de faiaence », prisée cinquante-quatre
sous ; un trébuchet, avec ses balances, prisé huit sous ;
seize verres « de christal fougère », prisés quarante sous ;
deux boites de cire blanche, prisées ensemble cinq sous ;
un petit bahut, un tapis, un petit tablier, une chaise de bois
noir, quinze ais de bois de chêne, sur lesquels sont placés
les livres, avec l'échelle pour les atteindre ; une écritoire
de plomb avec une écuelle à poudre. A dix heures du soir,
le 1er décembre, l'inventaire de « l'estude » est terminé.

III.

Les papiers.

Examinons maintenant les pièces enfermées dans les sacs
et mentionnons les plus importantes :

« Premier. — La mynute d'unne procuration constituée
par ledit deffunct Quantin par devant Girard (1), notaire en
ceste Cour, le premier jour d'octobre dernier, signée
Quantin, Guerin, Collin et Girard, par laquelle icelluy
deffunct avoit constitué procureur, le nom duquel est en
blanc, pour resigner en main de Sa Majesté ses offices de
lieutenant particullier, civil et criminel, commissaire enquesteur examinateur, pour un tiers et encorres celluy de
conseiller.....

» Item, un jugement donné au siège de Laval, le dixiesme
mars mil six cens vingt et cinq, signé Perier, au proffit dudit deffunct René Quantin, contre Isaac Gigault et René

(1) Le nom de ce notaire près la cour royale de Château-Gontier, en
1626, ne figure point sur la liste des notaires de cette ville. Le
plus ancien des personnages cités dans ce tableau est Houdin père,
(1633-1699). (Voir l'*Annuaire de l'arrondissement de Château-Gontier,
administratif, agricole et commercial, accompagné de notices historiques,*
pour 1878, p. 105).

Verger, de la somme de six mil livres et interrestz, pour la vendition des Moullins au Boy.

» Item, un contrat d'entre noble Nicollas de la Marqueraie (1), lieutenant general, maistre François Fouquet et maistre Jean Nigleau, au pied duquel est un acte receu de Girard, notaire, le dix neufiesme juin mil six cens deux, concernant l'acquest de l'office d'enquesteur commissaire examinateur ; la seconde pièce est une coppie receue de Symon, notaire, le dix septiesme octobre mil six cens trois, contenant que ledit deffunct René Quantin auroit acquis dudit François Fouquet un estat de conseiller et le tiers de l'office d'enquesteur commissaire examinateur pour la somme de douze cens livres.

» Item, un bail faict par ledit deffunct du lieu du Tertre (2), par devant Girard, notaire, le septiesme janvier mil six cens vingt.

» Item, un bail à moityé fait par ledit deffunct à Ambroise Bourré du lieu de la Guilloterie, par devant Girard, notaire, le dix neufiesme janvier mil six cens vingt et trois.

» Le contrat de retrait fait par Monsieur de Saint-Offange (3), sur ledit deffunct, de la terre de Houssay.

» Item, quittance receue de Girard, notaire, le septiesme febvrier mil six cens dix huit, contenant que noble Robert Guilloteau, sieur du Hallay, a receu dudit sieur Quantin

(1) Marqueraie (la), f., cⁿᵉ de Sœudres (M.-et-L.), appartenait en 1540 aux enfants de Perrine Chevalier, femme d'Hugues Blanchard (Arch. de M.-et-L., C. 106, fᵒ 15).

(2) Tertre (le), chât., mⁱⁿ et f., cⁿᵉ de Mée (Mayenne). Fief vassal de la baronnie de Mortiercrolles. En 1648, René du Tertre, seigneur du lieu, rendait hommage à René de Rohan. Les Trémignon avaient possédé ce château au moyen âge. (*Chroniques Craonnaises*, p. 534).

(3) La famille angevine des Saint-Offange s'est éteinte au XVIIIᵉ siècle dans celle des Turpin de Vihiers. Son manoir héréditaire était depuis le XIVᵉ siècle à l'Éperonnière de Saint-Aubin-de-Luigné. François, sieur de Hurtault, et Amaury, sieur de la Houssaie, furent deux ardents ligueurs dont l'histoire a été souvent retracée.

unze mil deux cens livres pour la recousse de la terre du Houssay.

» Item, le rachat, de par ledit deffunct Quantin, de la rente de six cens livres du Houssay, du sieur de la Roussière (1) et du Haut-Boullay (2).

» Item, une minute d'obligation, du huictiesme aoust mil six cens vingt et cinq, portant condamnation de la somme de six cens livres contre damoyselle Renée de Bonvoisin, veufve Lancelot de Quatrebarbes.

» Item, un accord reçu de Nigleau, le vingt et septiesme mars mil six cens dix, entre ledit deffunct et damoyselle Marie Doyrron, touchant l'office de trezoryer paieur de la compagnie de Monsieur de Lavardin (3).

» Item, une liasse concernant les lieux de la Grande et de la Petite-Poterie (4).

» Item, une liasse des affaires contre le sieur de la Brossinière (5), pour les mestaries de Poupard et de la Vieillière en Chemazé.

» Item, une liasse concernant la Beuzelinière (6).

» Item, un compte de paiemens et recepte de deniers faictz par ledit deffunct pour la dame Jeanne Lecercler (7), sa mère, épouse de René Quantin, le quatriesme decembre mil six cens.

» Item, l'acte de provision de curatelle de maistre René

(1) Roussière (la), f., cⁿᵉ de Châtelais (M.-et-L.). En est sieur Claude Arnoul, avocat au présidial de Château-Gontier, 1643-1660.

(2) Boulay (le), f., cⁿᵉ de Marigné (M.-et-L.).

(3) Ce nom n'était pas en odeur de sainteté dans le pays de Château-Gontier où on avait gardé le souvenir des désordres commis pendant les guerres de religion par les troupes de M. de Lavardin, allié du roi de Navarre. (*Journal de Louvet*).

(4) Poterie (la), h. cⁿᵉ de Chemazé.

(5) Fief vassal du marquisat de Château-Gontier.

(6) Beuzelinière (la), f., cⁿᵉ de Laigné. Fief de la baronnie de Craon. L'étang a été desséché.

(7) Cette ancienne famille, dont les membres ont rempli diverses fonctions aux XVIIᵉ et XVIIIᵉ siècles, existe encore à Château-Gontier.

Séguin aux enfans mineurs de deffunct maistre Robert-Jousse et de Renée Le Gentilhomme, ayeuls maternels dudit deffunct maistre Jean Quantin, faict au siège le vingt et quatrième aoust mil cinq cens quatre vingt et six.

» Le vingt et deuxiesme novembre mil six cens huit », Daniel de Juigné, sieur de Mollière (1), s'oblige à paier « audit deffunct cens trente et six livres deux solz pour vendition de la Viellière, parroisse de Chemazé.

» Une pièce concernant le bancq de lad. Gaultier en l'église de Saint-Rémy de Chasteaugontier.

» Item, le pappier journal dudit deffunct, relié et couvert de parchemin, au second feuillet duquel commencent les articles des paiements faitz à divers. Premier. — A Monsieur Fayau, peintre, trente et six livres, pour sa peinture de ma salle, et un bouesseau de blé, que ma femme lui a baillé, vallant cinquante solz......

» Item, un soubzseing privé, signé Trochon, portant convention pour la nourriture des capucins prédicateurs, le deuxiesme mars mil six cens vingt et trois (2).

» Item, vingt une pièces consernant les bastimens faictz par ledit deffunct en la maison où il est deccedé ; marché portant obligation de Jean Sallard, masson, de faire les cloisons et murailles ; receu, par Jean Levaur, vingt et deux livres dix

---

(1) Mollière, bourg, cⁿᵉ de Chemazé. Fief de la baronnie de Château-Gontier.

(2) Le 13 avril 1609, il avait été décidé, d'une commune voix, par la communauté des habitants réunis en assemblée, que les PP. capucins seraient « priés d'avoir un couvent proche cette ville. Une souscription fut ouverte et, dès le 12 juin, elle atteignait la somme de 6,000 livres. On avait d'abord songé à bâtir le couvent dans le quartier du Martray ». Un homme du faubourg offrit gratis le terrain à condition que le monastère serait à Azé. Enfin l'assemblée du 11 mars 1611 arrêta que « la croix et bâtiments du dit couvent » seraient «bâtis aux Trois-Maries ». Le prince de Guémenée fut prié le 22 mai, par les habitants, « de vouloir bien se transporter au lieu où est destinée la place du bâtiment des Capucins pour asseoir et y poser la première pierre ». (A. du Chêne, *Notes sur Château-Gontier au commencement du XVIIᵉ siècle*).

solz, pour vendition de pierre ardoisine taillée ; quittance de
Fayau, de trente et six livres, pour avoir peint une salle ;
quittance de sept vingt et une livres quatorze solz six
deniers payées à Henry Chevrier, serrurier ; autres
quittances de Jean Sallard, masson, et de Laurent Allard ;
quittance de Chantepie, de vingt livres, pour ardoise ;
marché passé avec Jacques Quantin, pour la charpente ;
transaction entre le deffunct, Gabriel du Bois et Pierre
Nouel, pour lesdits bastiments ; receu de trente et cinq
livres, donné par François Lemelle, terrassier ; autre receu
de quinze livres, donné par Jacques Fourmentin, charpen-
tier ; receu de six livres dix solz, donné par François Ecoy,
chaussumier ; receu de vingt et six livres, donné par Fram-
bault Margotin ; receu de François Alleaume, « battelier »,
qui donne une quittance de vingt et neuf livres ; receu donné
par Jacques Cardif et Jean Pigeon, massons, de la somme
de trois cens quatre livres ; receu de Fayau, qui a esté
payé de la vitrye par luy fournye à raison de cinq solz le
pied ; contrat passé entre le deffunct et Jean Lattay ,
marchand de bois, et quittance dudit Lattay, de vingt et sept
livres deux solz six deniers, qu'il a receues pour la charpente pour luy fournye ; quittance de Guillaume Le Gileux,
pour le clou par luy fourny ; quittance de René Goisbault,
menuisier, qui a receu cent quatorze livres quinze solz ;
quittance donnée par Léonard, cloutier.

» Item, la grosse du contrat de mariage de Robert
Guilloteau, sieur du Hallay, avec Catherine Quantin, receue
devant Blanchet, notaire, le dixneufiesme febvrier mil six
cens deux.

» Item, une coppie des comptes de la Baronnie de Chasteaugontier.

» Item, le contrat de la vente dudit lieu de la Beaume-
rie (1) à Jean de la Barre.

(1) Baumerie (la), f., c^{ne} de Châtelain. Fief vassal de la baronnie de
Château-Gontier.

» Quittance de cinquante escuz, pour l'achat de la terre d'Aviré (1), du unziesme juin mil cinq cens quatre vingt et dix.

» Quittance signée Vacquier, du vingt et huitiesme may mil six cens deux, portant qu'il promet audit deffunct luy fournir quittance de la dame de la Barre, de quatre vingt trois escus un tiers. »

« Quittance de Pierre Menoret, bailly de Pouensé (2).

« Mémoire dudit deffunct concernant le voiage de Jean Quantin à Poitiers et lettre dudit Jean Quantin, en latin, adressante audit deffunct.

» Mémoires de parties d'appoticquaire.

» Mémoire des prestres qui ont assisté à la sépulture de ladicte deffuncte Jousse et de ce qui leur a esté paié.

» Mémoire contenant quittance du drap mortuaire ; quittances du luminaire, de la sépulture et des frais des écussons fournis par Fayau ; minute du testament de lad. Jousse receu de Jouennaux, nottaire.

» Quittance des services de Marguerite Hamon et Jeanne Bouré, servantes de lad. deffuncte.

» Mémoire de la rente léguée au College de ceste ville.

» Quittance de la cellebration d'une messe par sepmaine en l'églize Saint-Remy.

» Quittance donnée par devant Girard. par maistre René Quantin, sieur de la Chesnaie, père dud. deffunct, le uniesme juillet mil cinq cens quatre vingtz dix neuf. »

IV.

Le mobilier.

Le 2 décembre, on commence l'inventaire du mobilier.

(1) La seigneurie d'Aviré relevait de Château-Gontier et était commune aux seigneurs de Bouillé-Téval, puis de Rossignol. Les métairies de l'Epinay et de l'Aubriaie en dépendaient. La maison dite la *Cour d'Aviré* subsiste encore aujourd'hui.

(2) Pouancé, chef-lieu de canton, arr. de Ségré (M.-et-L). La seigneurie était titrée de baronnie dès le XIVe siècle.

Le procureur du roi, assisté du greffier, est présent. André Maboner et Guillaume Jarry, maîtres menuisiers, remplissent les fonctions d'experts.

Dans la salle basse, on trouve : une table « tirante » de bois de noyer, portée par des petites colonnes ; un buffet de bois de noyer, dont le bas forme armoire et ferme à clef ; une couchette de bois de noyer ; douze grandes chaises, dont la moitié a les bras garnis de cuir doré, de Flandre ou de Turquie, avec passements et clous également dorés ; six petites chaises, sans bras, mais semblables, pour le reste, aux précédentes ; une bancelle couverte de serge verte et ornée de la même façon que les chaises ; une autre bancelle de bois noir sans garniture.

Dans une pièce voisine : « une vieille petite table » de bois de noyer ; un vieux banc de chêne ; une paire de balances ; une bouteille de verre clissée ; trois armoires en bois de chêne, fermant à clef. Cette pièce est appelée « la despence de lad. maison ».

Dans « l'entichambre » : une armoire ancienne où l'on met la vaisselle ; un cabinet de bois de chêne, « fermant de clef » ; un grand coffre de chêne ; un autre petit coffre, un vieux lit, aussi de chêne, de forme antique ; « un travouil et un fallot ».

Dans la petite salle de la maison : un lit de noyer avec pommettes dorées et bouquets, une couchette de noyer ; une petite table de bois de noyer, portée sur cinq colonnes et qui se tire ; une autre petite table servant aux repas ; neuf grandes chaises de bois, dont cinq à bras et quatre sans bras, garnies de serge verte, avec passements et clous dorés ; deux petites chaises, sans bras, garnies de serge verte, et deux autres pareilles couvertes de bois ; trois petits escabeaux garnis de serge verte ; un bahut carré, fermant de clef, avec soubassements ; un vieux banc à dossier en noyer, où il y a deux coffres, placé sous la galerie ; un petit miroir ; un soufffet.

Dans la cuisine : une grande huche de bois de chêne, fermant de clef ; une vieille table de bois de noyer, portée par des tréteaux ; une bancelle, un escabeau, un « haistault ».

Sous le portail neuf : un grand coffre de bois « dans lequel ne s'est trouvé que cocques de noix » ; une vieille table ; une selle pour faire la lessive; « une bencosse à habiller porcqz »; un rouet pour filer ; une seille, un godet pour boire ; un petit coffre de bois ; « un demeau » et une mesure (1).

« En unne chambre haulte appelée la chambre rouge » : une table sur pattes, qui se tire, en bois de noyer ; un cabinet fermant de clef, à quatre tiroirs de bois de noyer ; deux bois de lits ; deux grandes chaises, sans bras, garnies de serge verte, avec clous dorés; un petit bahut carré avec soubassement ; un autre petit bahut rond ; un autre vieux petit bahut rond.

« En unne petite estude à costé de ladicte chambre où est l'oratouère » : un grand vieux bahut en forme de garde-robe; une vieille porte sur deux tréteaux; trois « barenchots à mettre fruict cuit » ; une petite boîte ; un petit cuveau.

Dans une autre petite « estude » : une grande paire de « presses » de bois, avec quatre armoires, fermant à deux serrures ; un grand vieux bahut en forme de garde-robe ; un petit vieux bahut rond.

» En unne gallerie respondant sur la court de derrière estant à costé de lad. estude » : deux tabourets de bois de noyer, couverts de tapisserie, avec clous dorés ; deux petits bahuts ronds, qui ferment à clef ; un grand vieux bahut rond, aussi fermant à clef et servant à mettre tous les papiers de la famille ; une selle à faire la lessive, avec une clisse ; une perche ; un vieux petit coffre de bois de chêne. Les tabourets recouverts de tapisseries, qui sont « de l'ouvraige de Françoise Quantin », ne sont pas compris dans l'inventaire.

» Item est de même d'un tableau qui lui a esté donné par le sieur Moreau.

(1) Voir, sur les mesures de contenance pour les solides en usage dans le pays de Château-Gontier, les *Chroniques Craonnaises*, p. 107.

» En la chambre du garson » : une table, un lit et un vieux coffre de bois de chêne à panneaux ; un autre coffre de chêne « fait à ouvraige » ; « un godendard » ; deux « claies à nettoyer habit » ; une paire de « poussetes » ; deux selles de cheval, « à homme, avecq les estriers » ; une autre selle de cheval, « servant à femme » ; une vieille bride ; une vieille paire de bottes ; « unne vieille fauconnier » ; un rouet à filer et un « barenchot ».

« En unne gallerye à costé où y a paille » : un coffre de chêne fermant à clef : deux « baranchotz » et un « travoueil ».

Dans la chambre verte : une vieille table de noyer ; un lit « fait à l'anthicque et godronné, avec verges de fer » ; une couchette ; un vieux buffet de noyer « godronné », avec deux portes vitrées ; deux grandes chaises de bois ; un vieux petit bahut rond ; « unne petite malle de cuir, couverte de cuir velu, fermant de clef, non inventoriée, appartenant à ladite Françoise Quantin et ne contenant que les chemises de ladicte damoiselle ».

» En la gallerye de sur la court de devant » : une chaise percée ; un vieux banc ; une table sur tréteaux ; un seau ; deux perches ; trois fûts.

Dans une étude auprès de la chambre verte : « un tablier de bois fermant de clef » ; deux grandes chaises à bras ; cinq tableaux.

Dans le grenier bas : un millier de carreaux, prisé cinquante sous ; « deux betuzes » ; un millier d'ardoises, prisé cent sous ; une selle à aire lessive, prisée trois sous ; une autre selle destinée au même usage ; « unne sarche à faire laissive » ; trois échelles de pied ; deux tréteaux ; « cinq septiers trois bouesseaux de bled seigle, apretyé à raison de treze livres le septier, qui font en somme toute soixante neuf livres dix sept solz six deniers ; item, neuf bouesseaux d'avoyne, prisez vingt solz le bouesseau, qui font en somme toute neuf livres ; item, trois bouesseaux et demy de froument rouge, prisez à raison de quarente solz le bouesseau, qui font en somme toute sept livres ; item, un demeau d'orge, prisé dix solz ; item, treze bouesseaux de noix, prisez à raison de dix solz le bouesseau, qui est en somme toutte six livres dix solz ; item, deux cens vingt livres de lin, apretyé à raison de dix livres le cent, qui est en tout vingt et deux livres ; item, deux cens douze livres de chanvre, estimé deux solz la livre, faisant en tout vingt et une livres quatre solz. Et a declaré ladicte Gaultier que sa part des produits du lieu de la Richotterye (1) n'a encores esté apretié, pour n'avoir esté partaigé. »

Dans le grenier haut de la maison : une bancelle de chène ; cinq « barenchotz » ; deux autres « barenchotz » ; « vingt-neuf septiers de blé, prisés treize livres le septier, le tout mesure de cette ville de Chasteaugontier, faisant en tout trois cent soixante dix sept livres » ; « un demeau de pois, prisé vingt solz » ; « trois demeaux de febves, prisés cinquante solz ».

Dans la cave : une huche de bois de chène fermant à clef ; un garde-manger ; « deux barenchotz » ; « deux petits sallouers ; trois petitz poullains et une quenouille à descendre vin en ladicte cave ; un tonneau où y a quelque peu de reste de vin clairet ; unne buce vuide ; unne pipe de cildre, provenue en ceste année au lieu du Tertre de Mée, aussy à ladicte Gaultier, estimée dix livres ; un charnier dans lequel y a un porc sallé, qui vient de la Richotterie et dont la moitié est au closier, le tout prisé douze livres ; un tour, prisé trente sous. »

Dans la cour : « cinq chartées de gros bois, prisées ensemble dix livres ; trois cens de fagot, prisé neuf livres ; unne mue à mettre poullaille, prisée dix solz ; unne civière à bras, prisée trente solz ; quatre pièces de vieux bois ; deux pannes de terre à faire la laissive ; unne pelle à boscher, une vieille fourche ferrée et une petite cobeche, le tout prisé quinze sols ».

(1) Richotterie (la), f., cⁿᵉ de Saint-Fort.

V.

La vaisselle, l'argenterie et les bijoux.

A une heure de l'après-midi, le même jour, les parties
sont réunies de nouveau pour continuer l'inventaire. Jérôme
Bernier, « maistre pintier (1) », Samuel Chelleur, « maistre
orfebvre », Gaspard Lecourt, « maistre poislier et chaudron-
nier », François Ledroit, « tapissier », Mathurin Henri,
« tailleur », et Pierre Croullet, « trompette et crieur ordinaire
proclamateur (2) », sont présents. Ils prêtent serment de
remplir honnêtement leur mission d'experts. Ils examinent
successivement la vaisselle commune, « la poislerie d'airain
et autre ferraille », la vaisselle d'argent, les bijoux, les vêtements, le mobilier, le linge, etc. C'est, avec l'énumération
des livres, la nomenclature la plus intéressante de notre
manuscrit :

La vaisselle commune de toute espèce est estimée cinquante et une livres seize sous, plus deux chandeliers
d'étain, qui sont prisés vingt sous.

On inspecte ensuite « la poislerie d'airain et autre ferraille » :
« Unne grande poisle chaudière ronde de trois seillées, prisée six livres ; unne autre poisle chaudière ronde de deux
seillées, prisée quatre livres ; unne autre petite poisle chaudière ronde d'unne seillée, prisée trente et deux solz ; unne
autre petite poisle vieille ronde de demie seillée, prisée dix
solz ; un vieil chaudron d'unne seillée, prisé quarente solz ;
un autre chaudron moyen, prisé trente et deux solz ; un
autre chaudron de demie seillée, prisé quarente solz ; un
autre plus petit chaudron, prisé dix solz ; trois poislons,
prisez ensemble trente et deux solz ; unne passete, prisée

(1) Une des rues de Château-Gontier porte encore aujourd'hui le nom
de « rue des Pintiers. »

(2) Le tambour de ville à remplacé le crieur.

seize solz ; trois couvercles d'airain, prisez seize solz ; deux vieilles poisles, prisées seize solz ; unne grande marmite, prisée vingt et ung solz ; unne autre moienne marmite, prisée quinze solz ; unne autre plus petite marmite, prisée quatorze solz ; trois cuillers, prisées trois solz ; trois vieilles poisles, avec un rechault, le tout prisé cinq solz.

» Item, un trepied, prisé cinq solz ; deux vieilles marmites rompues, prisées trois solz ; unne grande paire de landiers de cuivre, de la salle, prisez dix huit livres ; unne autre paire de petitz landiers, aussy de cuivre rouge, servant à la chambre rouge, prisez huit livres ; unne paire de landiers, qui servoient à la petite salle, aussy de cuivre, prisez avecq les chesnetz, treze livres ; deux vieiz chenetz, qui ne sont pareilz, prisez vingt et cinq solz ; unne vieille pelle de fer ; unne fourchete et un garde-casse, le tout prisé trente solz ; unne autre paire de landiers, qui servoient à la cuisine, avecq deux chesnetz, le tout de fer, prisé soixante solz ; unne paire de landiers de fonte, qui estoient en la chambre du garson, prisez seize solz ; quatre chandelliers pareilz à collonnes, prisez ensemble soixante et quatre solz ; un autre petit chandellier d'estude, prisé dix solz ; un autre grand vieil chandellier à l'anthicque, prisé quinze solz ; deux lampes, prisées ensemble trente deux solz ; trois petits coings de fer et une hache de nulle valleur, prisez ensemble vingt solz ; dix couteaux de table, prisez ensemble cinquante solz ; un petit rond, estimé trente et deux solz ; trois petites broches de fer, prisées ensemble seize solz ».

C'est ensuite le tour de la vaisselle d'argent : « Un petit bassin en auvalle d'argent doré, pezant trois marcqz cinq onces ; un pot d'argent doré, pezant deux marqz et demye once ; deux vinaigriers d'argent doré, pezant ensemble un marcq six onces ; un autre petit vinaigrier d'argent doré, pezant quatre onces deux gros et demy ; deux sallières d'argent doré, pezant ensemble un marcq une once et demye ; unne autre sallière, pezant six onces et demye un gros et demy ; unne douzainne de cuillers d'argent, aiant le manche quarré et le bout doré, pezant ensemble quatorze onces et demye un gros et demy ; unne autre demye douzainne de cuillers d'argent, avecq le manche plat, et deux autres d'une autre faczon, pezant ensemble sept onces six gros ; item, demye douzainne de fourchetes d'argent, trois onces et un demy gros. Touttes lesdictes choses cy dessus revenans ensemble à treize marcqz six onces demy gros, qui ont esté appretiez par ledit Chelleur, l'un portant l'autre, à vingt et une livre le marcq, qui font ensemble à lad. raison deux cens quatre vingtz huict livres trois solz six deniers, sauf erreur de calcul ».

On examine après les parures et les bijoux : « Item, deux colliers de perles, dont y en a plusieurs rondes, l'un contenant deux cens quatre vingt trois perles et l'autre trois cens quatre vingt dix huict, apretyées, l'une portant l'autre, à six solz pièce, lesquelles perles lad. Gaultier a dit qu'elles luy ont esté données par led. deffunct Quantin par son contrat de mariage, faisant en somme toute deux cens quatre livres dix solz.

» Item, lad. Françoize Quantin a representé un diamant, qu'elle a dit luy avoir esté donné par led. deffunct, led. diamant apretyé à quarente cinq livres.

» Item, lad. Françoize a representé un petit collier de petites perles de sepmances barocques, pezant trois gros, qu'elle a dit luy avoit esté donnez par son père, apretyé à sept livres.

» Plus a esté trouvé une chesne de crhistal en ollives garnies de gerbes d'or, estimée et appretyée soixante livres. »

Ici, une discussion inattendue s'élève entre les héritiers.

« Item, lad. Françoize Quantin a dit avoir deux pendans d'oreilles de petictz diamans, qu'elle a representez, qu'elle a dit la plus grande partye luy avoir esté donnée, depuys plusieurs années, tant par la dame de Hellault, son ayeule maternelle, que par lesdits Quantin, son père et sa mère, lesquelz pendans d'oreilles sont en son peculle et luy appartiennent, sans qu'ils puissent venir en apretiation ny estre compris au present inventaire et les a representez seullement affin qu'il ne puisse imputer que l'on ait caché ny laissé aucunne chose. Ledict Quantin, son frère, a dit n'avoir congnoissance dudit don et que ce qui se trouve doibt estre inventorié et apretyé. Surquoy, serment pris de lad. Gaultyer ensemble et de lad. Quantin, qui ont veriffyé que lesd. pendans d'oreilles ont esté donnez, pour lad. partye, à lad. Quantin, par lad. dame de Hellault, et que ledit Quantin y a contribué d'un petit collier d'or pour faire faire lesdictz pendans d'oreilles, qu'il luy a donné veritablement, et les a portez depuis cinq ans durant, ensemble led. petit collier de perles prisé sept livres, avons desdits pendans d'oreilles et petit collier fait et faisons dellivrance à lad. Quantin, comme aussy des habictz qui sont à son usaige. Signé Chelleur ».

VI.

Les vêtements de maître René Quantin et de Jeanne Gaultier, sa femme.

Voici maintenant la liste des nombreux « habictz trouvez en grandes presses, dont a esté levé le scellé et fait ouverture, avec les clefz, par led. Collin, en la chambre estant à costé de la chambre rouge :

« Une robe de pallais, de sarge raze, garnie de taffetas, à usaige dudit deffunct, prisée sept livres, cy. . . . VII[l]

» Item, un manteau de sarge raze, noir, à usaige dudit deffunct, prisé douze livres, cy. . . . . XII[l]

» Item, unne autre robe de pallais, de sarge, parée de de velours, à usaige dudit deffunct, prisée vingt livres, cy. . . . . XX[l]

» Item, unne sotanne de tafetas, à usaige dudit deffunct, prisée douze livres, cy. . . . . XII[l]

» Item, unne douzainne de petictz collectz, usez, à l'usaige dud. deffunct, prisez vingt et quatre solz, cy. . XXIV[s]

» Item, huict fraizes, à l'usaige dudit deffunct, estimées quatre livres, cy. . . . . IV[l]

» Item, un manteau d'estamine, doublé de tafetas, à usaige dudit deffunct, prisé sept livres, cy. . . . . . VII[l]

» Item, deux sotannes d'estamine, à usaige dudit deffunct, prisées ensemble neuf livres, cy. . . . . . . IX[l]

» Item, unne robbe de chambre de sarge raze, avecq boutonnières, doublée de baguette, à usaige dudit deffunct, prisée vingt livres, cy. . . . . XX[l]

» Item, un manteau d'estamet, à usaige dudit deffunct, prisé douze livres, cy. . . . . XII[l]

» Item, un autre manteau d'estamet, doublé de baguette et garny de boutonnières par le devant, à usaige dud. deffunct, prisé neuf livres, cy. . . . . IX[l]

» Item, un autre manteau de camelot de lisle, à usaige du deffunct, prisé six livres, cy. . . . . VI[l]

» Item, une robe de pallais de sarge, parée de taffetas, prisée douze livres, cy. . . . . XII[l]

» Item, un manteau de camelot de lisle, à usaige dudit deffunct, prisé soixante et dix solz, cy. . . . . LXX[s]

» Item, unne sotanne de satin, à usaige dudit deffunct, prisée trente livres, cy. . . . . XXX[l]

» Item, unne cazacque, à usaige dudit deffunct, doublée de sarge, prisée cinquante solz, cy. . . . . . L[s]

» Item, un capichon de camelot, prisé cinq solz, cy. V[s]

» Item, deux vieilz prepoinctz, l'un de satin et l'autre d'estamine, prisez ensemble quatre livres, cy. . . IV[l]

» Item, un bonnet quarré et un chappeau, à usaige dudit deffunct, prisez ensemble quarente solz, cy. . . . XL[s]

» Item, un ballendrap de camelot noir, doublé de sarge, avecq bouttons, prisé soixante solz, cy. . . . . . LX[s]

» Item, six coueffes de nuict, à usaige dud. deffunct, prisées dix solz, cy. . . . .   X ^s

» Item, un bas et hault de chausse de sarge raze, à usaige dudit deffunct, prisez quarente solz, cy. . . . .   XL ^s

» Item, un tapiz de jayette, prisé trente solz, cy.   XXX ^s

» Item, un bas de chausse de sarge raze, noir, à usaige du dit deffunct, prisé seize solz, cy. . . . . . .   XVI ^s

» Item, un autre vieil bas de chausse, aussy noir, à usaige dudit deffunct, estimé huict solz, cy. . . . . .   VIII ^s

» Item, un vieil hault de chausse prepoinct d'estamine, à usaige dudit deffunct, prisé dix solz, cy. . . . .   X ^s

» Item, huict chemises de nuict, à usaige dud. deffunct, plus que my usées, prisées quatre livres cy. . . .   IV ^l

» Item, unne paire de gamaches de bure, à usaige dudit deffunct, prisé huit solz, cy. . . . .   VIII ^s

» Item, unne cornette de pallais, prisée soixante solz, cy. . . . .   LX ^s

» Item, trois douzainnes de chemises de lin, à usaige dudit deffunct, prisées ensemble vingt et huict livres, cy. . . . .   XXVIII ^l

» Item, deux vieilles camisolles de fustainne blanche, à usaige dud. deffunct, prisées dix solz, cy. . . . . .   X ^s »

La garde-robe de la dame Jeanne Gaultier n'est pas moins bien fournie que celle de son mari :

« Item, unne douzainne de chemises de lin, à usaige de lad. dame, prisées neuf livres six solz huit deniers, cy. . . . .   IX ^l VI ^s VIII ^d

» Item, unne juppe de vellours en fondz de sattin blancq, à usaige de ladicte Gaultier, prisée quinze livres, cy.   XV ^l

» Item, unne autre juppe de taffetas, bordée de passemens d'argent, à usaige de ladicte Gaultyer, prisée douze livres, cy. . . . .   XII ^l

» Item, unne autre juppe de satin violet, moucheté, bordé de gallon d'argent, que lad. Gaultyer a dit luy avoir esté donnée par lad. dame de Hellault, lors de la vendition de la terre du Moullin au boy, à usaige de lad. Gaultyer, et ainsy ne debvoir entrer en apretiation, neantmoings apretyée trente livres, cy. . . . . **XXX**[l]

» Item, dix mouchoirs de toille de Hollande, à usaige de lad. dame, prisez cinquante solz, cy. . . . . . **L**[s]

» Item, unne autre juppe, à usaige de lad. Gaultyer, lad. juppe de satin à fleurs, prisée dix livres, cy. . **X**[l]

» Item, quatre collectz de nuictz, à usaige de lad. Gaultyer, prisez trente solz, cy. . . . . **XXX**[s]

» Item, un vieil cotillon de camelot sur soye rouge avec passemens, prisé dix livres, cy. . . . . **X**[l]

» Item, unne demie douzainne de manchettes à usaige de lad. dame, prisées six solz, cy. . . . . **VI**[s]

» Item, un manteau de damars noir, à usaige de lad. dame Gaultyer, avecq doubles manches, prisé sept livres, cy. . . . . **VII**[l]

» Item, un autre manteau d'estamine, à usaige de ladite dame Gaultyer, led. manteau enrichy de passemens, prisé quarente solz, cy. . . . . **XL**[s]

» Item, unne demye douzainne de coueffes de jour, à usaige de lad. dame, prisez six solz, cy. . . . . **VI**[s]

» Item, un corset à manches de taffetas gris, à usaige de lad. Gaultyer, led. corset avecq gallon d'argent, prisé cent solz, cy. . . . . **C**[s]

» Item, unne douzainne de chemises neufves non inventoriées et que ledict Quantin a dit qu'il faut aussy inventorier.

» Item, unne thoillette et un sacq, le tout de vellours gris brun, apretyé à sept livres, cy. . . . . . . **VII**[l]

» Item, unne robe d'estamine estoffée de satin, à passement, prisée soixante solz, cy. . . . . **LX**[s]

» Item, unne cimarre de camelot gris moucheté, à usaige de ladicte dame Gaultyer, de peu de valleur, prisé à trente solz, cy. . . . . **XXX**

» Item, deux vieilles chemises, à usaige de lad. dame, prisées ensemble cent solz, cy. . . . .   C^s

» Item, unne doublure de cottillon frèze grize, prisée trente solz, cy. . . . .   XXX^s

» Item, huict coueffes de nuict, à usaige de lad. dame, de toille blanche, my usez, prisées trente solz, cy. .   XXX^s

» Item, unne paire de fustaine de brassières, à usaige de lad. Gaultyer, prisée vingt solz, cy. . . . . .   XX^s

» Item, huict fers à porter rabatz et collectz, de femme, qui ne sont en usaige, prisez huit solz, cy. . . . .   VIII^s

» Item, deux bas d'estame rouge et gris, à usaige de femme, prisez quarente solz, cy. . . . . . .   XL^s

» Item, un bas de soye tanné, de nulle valleur, prisé cinq solz, cy. . . . . , ...   V^s

» Item, un manteau et deventière de femme pour monter à cheval, led. manteau et deventière de camelot noir, prisez sept livres, cy. . . . .   VII^l »

Dans le même appartement, on trouve aussi : un dessus de buffet garni de frange de soie ; un tapis vert de neuf aunes ; un autre tapis vert de trois aunes et demie ; « une housse de serge de quan, verte, passementée avecq frange, servant à la couschette de la salle » ; une housse à cheval en velours.

VII.

Le linge.

Le jeudi 3 décembre, on continue l'inventaire. On examine et apprécie le mobilier : « Un ciel de lit rouge, passementé de frange de soye, composé de trois pantes, quatre rideaux, deux bonnes grâces, la mante, trois pommettes dorées », et « le tour d'un autre lict coulleur Gingrolly, composé de quatre pièces, deux bonnes grâces, garny de petite frange de soye et boutonnières, avec la mante de mesme coulleur, trois pommettes dorées, le tout en lad. chambre rouge ». Le tout vaut quatre-vingt-cinq livres.

Dans la chambre verte, on relève : un autre bois de lit, un pavillon de couchette avec passement de laine ; « a trois pantes, avec un doussier de damas vert », garnies de frange de soie et doublées de satin ; trois rideaux ; deux bonnes grâces de taffetas vert, garnies aussi de frange de soie ; « le fonds dudit lit aussy en satin ». La dame Quantin dit que ce lit lui appartient et qu'il lui a été donné par ses parents. Sur la demande du fils, le sieur Quantin, on décide que cet objet « sera tiré en ligne de compte ».

D'autres lits et un tour de lit en broderie sont énumérés dans l'inventaire avec leurs « couettes, mathelas et orilliers ». On inscrit aussi vingt-neuf livres de fil de lin, en deux paquets, estimées à vingt-quatre sous la livre, soit en tout trente-quatre livres seize sous, et une pièce de toile de brin en réparation. Trois bougies jaunes sont estimées quarante sous et quinze pelotons de fil à coudre, seize sous. On note aussi « un quartier de bureau à faire semelles, une pelisse et un vieil langeul d'enfant ».

On inspecte, le même jour, les serviettes et les draps renfermés dans les coffres et les bahuts : « Sept douzainnes de serviettes de brin, estimées soixante-quinze solz la douzainne, faisant en tout vingt et six livres cinq solz ; une douzainne de draps neufs de toille de brin, de neuf aulnes le couple, faisant ensemble vingt et sept livres dix solz ; une douzainne d'autres draps de brin, my usez, prisez neuf livres dix solz ; quatre autres draps, presque neufs, de toille de reparation en reparation, prisez huict livres ; dix draps d'estoupes, my usez, de huit aulnes le couple, prisez ensemble quinze livres ; unne demie douzainne de nappes de reparation, de deux aulnes, prisées ensemble sept livres ».

Il faut y ajouter : une douzaine d'autres nappes d'une aune et demie chacune, « de toille de reparation, my usez, prisez ensemble cent solz ; unne douzainne d'essuymains neufz, de grosse toille, prisez ensemble trente solz ; huict poches neufves, prisées ensemble cent solz ; trois encherrouers, my usez, prisez ensemble vingt et cinq solz ; unne douzainne de draps neufs de toille d'estoupe, de huit aulnes le couple, prisez ensemble vingt et quatre livres ; sept douzainnes de serviettes de toille de brin en brin, prisées vingt et six livres cinq solz ; deux douzainnes de souille de pareille toille, de deux aulnes, prisées ensemble sept livres ; unne douzainne de draps de brin en brin, tout neufs, de pareille toille, de neuf aulnes le couple, prisez ensemble trente livres ; unne autre douzainne de draps, aussy neufs, prisez trente livres ; sept douzainnes de serviettes de toille de brin en brin, neufves, prisées vingt six livres cinq solz ; unne douzainne de souilles d'orilliers de toille de gros lin, prisées ensemble sept livres dix solz ; unne demie douzainne dedraps de gros lin, tous neufs, de unze aulnes le couple, prisez ensemble dix-huict livres ; cinq autres draps de lin, my usez, de dix aulnes le couple, prisez ensemble douze livres ; unne douzainne de nappes de toille de brin, de deux aulnes, unne autre douzainne de toille de lin, prisez ensemble treize livres ; unne douzainne de couvrechefz de nuict, de lin, prisez ensemble soixante solz.

» Unne douzainne d'essuimains, prisez ensemble trente solz ; sept douzainnes de serviettes de toille blanche, prisées ensemble trente livres ; cinq autres douzainnes de serviettes pareilles, prisées ensemble vingt et quatre livres ; cinq autres serviettes comme ci-dessus, prisées ensemble quarente solz ; un tablier de cinq aulnes de toille blanche, prisé quatre livres ; deux draps de toille blanche, de dix aulnes le couple, prisez ensemble six livres ; un autre drap de toille blanche, garny de dentelle, prisé quatre livres dix solz ; deux autres draps de toille blanche, de dix aulnes le couple, prisez ensemble sept livres ; deux autres draps de lin, my usez, de unze aulnes le couple, prisez six livres ; deux autres draps, prisez six livres ; deux tabliers de toille blanche, de cinq aulnes, prisez huit livres ; deux autres petits tabliers de quatre aulnes, prisez six livres ; un demy drap de toille blanche, prisé quarente solz ; deux tabliers de quatre aulnes de toille blanche, cent dix solz ; deux autres tabliers pareils, prisez six livres cinq solz ; quatre dessus de buffet, de toille blanche, prisez ensemble sept livres.

» Deux bancquetouères de toille blanche, prisées ensemble cinquante solz ; vingt et deux souilles d'orilliers de toille blanche, tant grandes que petites, prisées ensemble unze livres ; cinq couvrechefs de nuit de toille blanche, prisez ensemble cinquante solz ; deux grandes souilles d'orilliers de toille de lin, prisées ensemble quarente solz ; sept douzainnes de serviettes de brin en brin, prisées vingt et six livres cinq solz ; unne douzainne de draps, de unze aulnes le couple, de toille de brin, prisez ensemble quarente livres ; unne douzainne de nappes, de deux aulnes, de toille de lin blanche, prisées ensemble quatorze livres ; une demie douzainne d'autres nappes, de pareille toille, d'unne aulne et demie chasque, prisées ensemble six livres ; unne vieille nappe de camelot, parée par le devant de taffetas, prisée vingt et cinq solz.

» Un capot de taffetas, prisé dix solz ; quatorze vieilles serviettes de brin en reparation, my usées, prisées trente et deux solz ; trois souilles d'orilliers, prisées douze solz ; un vieil drap, prisé seize solz ; une douzainne de draps de brin en brin, de neuf aulnes le couple, prisez trente livres ; deux autres draps de toille de brin en reparation, aussy de neuf aulnes, prisez quatre livres ; une douzainne d'autres draps, my usez, aussy de brin en brin et de neuf aulnes, prisez vingt livres ; quatre autres draps pareils, my usez, prisés cent dix solz ; deux autres vieils draps, prisez soixante solz ; quatre autres vieils draps de brin en reparation, prisez six livres ; neuf autres vieil draps pareils, prisez sept livres quatre solz ; deux tabliers de toille blanche, de quatre aulnes, prisez sept livres ; deux costés de courtinnes, de peu de valleur ; deux douzainnes de mouchoirs dc toille blanche, my usez, prisez vingt et quatre solz.

» Unne douzainne de biais de toille blanche, my usez, prisez douze solz ; unne autre douzainne de biais, prisez vingt solz ; quatre canettes de toiles blanche, prisées seize solz ; unne douzainne de bandeaux de toille blanche, prisez douze solz ; deux douzainnes de serviettes de brin en brin, prisées huit livres ; unne douzainne d'autres vieilles serviettes, prisées cinquante solz ; une autre douzainne pareilles, prisée trente et deux solz ; quatorze serviettes de lin, plus que my usées, prisées quarente solz ; seize serviettes de brin en reparation, prisées soixante et quatorze solz ; neuf nappes de brin, my usées, de deux aulnes, prisées huict livres ; sept draps, estant en lictz, prisez sept livres ; deux poches, prisées seize solz ; trois vieilles napes, prisées vingt solz ; dix essuimains, prisés vingt solz ».

Cette énumération est vraiment formidable et on voit que le linge était le luxe de nos pères !

Deux « pezetz de layne » sont estimées neuf livres seize sous ; « unne chartée de foing, avec demie chartée de paille », six livres ; « cinq rouelles de pouppées de lin », à neuf sous la livre, sont estimées trente livres trois sous ; cinquante-quatre livres de chanvre, treize livres dix sous.

VIII.

Les métairies.

Les experts se transportent ensuite, le 7 décembre, à la maison du Tertre de Mée. Mathurin et Louis Croullet, avec Daniel Guignard et son fils, bouchers, assistent à l'appréciation des bestiaux de la métairie et des autres lieux voisins. Le mobilier modeste du Tertre est promptement inventorié. A la Richotterie, on trouve : « neuf demeaux de noix, quarente livres de lin, six livres de chanvre, une demie mesure de pois », dont les prix sont semblables aux précédents, et « six mesures de poires et pommes cuittes ; prisées quinze solz ».

La métairie du Tertre renferme « vingt et huict chefz de bergeail, prisez trente et deux solz pièce, qui est, pour moictyé, vingt et deux livres huict solz ; plus unne grande truye, avecq cinq petictz pourseaux de nourriture, le tout prisé dix neuf livres, qui est, pour moictyé, neuf livres dix solz. Et au regard des porcqz à effouiller, le mestaier leur a dict qu'ilz avoyent esté cy devant appretyez à vingt livres. Quant aux bœufz, vaches, thores, quevalles et poullains, ilz appartiennent, pour le tout, au mestaier dudit lieu, attendu qu'il tient ledit lieu affermé d'herbaige ».

A la métairie de Vaubertran (1), on trouve : « dix neuf cheftz de bergeail, prisez trente solz pièce, qui est, pour la moictyé du maistre, quatorze livres cinq solz. Item, six nourritureaux, prisez dix huict livres, qui est, pour la moictyé, neuf livres ; plus une quevalle en poil rouge brun, avecq son poullain, appartenant, pour le tout, au maistre, prisez ensemble quarente livres. Et quant aux porcqz à effouiller en ceste année, ilz n'en ont veu et ne leur en a esté representé aucuns, ne sçavoir s'ilz les ont partaigez ou venduz. Et au regard des bœufz, vaches, tores, cheveaux, veaux, quevalles et poullains, autres que ceux cy dessus, ilz appartiennent, pour le tout, au mestaier dudit lieu de Vaubertran, ainsy qu'il leur a dict aussy qu'il tient affermé d'herbaige ».

A la closerie de la Guilloterie (2), on remarque : « trois

____

(1) Vaubertran ou Vaubertron, f., c^{ne} de Châtelain.

(2) *Ibid*. Cette ferme est aujourd'hui détruite. — Voir, sur la situation des populations rurales de notre région, à cette époque, dans le beau travail de M. H. Baudrillart, membre de l'Institut, sur *Les Populations agricoles de la France*, les deux chapitres intitulés *Les Populations agricoles du Maine*. — *Les Populations agricoles de l'Anjou*, pp. 1-91.

mères vaches, deux thores et deux veaux de l'année dernière, le tout ensemble appretyé à quatre vingt livres, faisant, pour moictyé, quarente livres ; plus audit lieu, seize chefz de bergeail, prisez vingt et huict solz, pièce, faisant, pour moictyé, onze livres quatre solz ; plus quatre petictz porcqz de norriture, prisez douze livres, qui est, pour moictyé, six livres. Et au regard des porcqs à effouiller en ceste année, ilz n'en ont veu aucun audit lieu et ne leur en a esté representé par le closier dudit lieu, ne sçavoir s'ilz ont esté venduz ou partaigez ».

A la Richotterie, on voit : « trois mères vaches, unne thore venant à deux ans et un veau de l'année dernière, le tout apretyé ensemble à soixante livres, qui est, pour moictyé, trente livres ; plus vingt et quatre chefz de bergeail, prisez trente et deux solz, pièce, qui est, pour moictyé, dix neuf livres quatre solz ; plus un petict porcq de nourriture, prisé soixante quatre solz, qui est, pour moictyé, trente et deux solz ; et quant aux autres porcqz dudit lieu, ilz ont esté cy devant partaigez entre le maistre et le closier, et a, ledit Croullet, dict ne sçavoir signer. Signé D. Guignard.

» Quant aux porcqz du lieu et mestairie du Tertre, qui estoient cinq à effouiller en ceste année, ilz estoient de sy peu de valleur que ne furent apretyez à la Toussainctz que vingt livres, qui estoit seullement dix livres pour la part du maistre, lesquelz le mestaier et lad. dame Gaultier retinrent pour faire engraisser et les ont ensemblement nourriz de grain, dont elle a achapté sa part depuis, sy bien que, pour ce regard, elle ne doibt estre chargée au au présent inventaire que de la somme de dix livres dont elle se charge ».

La dame Gaultier reconnaît aussi avoir reçu, du métayer de Vaubertran, onze livres cinq sous, pour le prix de la part des porcs de la présente année qui appartient au maitre et que le métayer a rachetée. A la Guilloterie, deux porcs ont été vendus, pour la part du maître également, l'un cent sous et l'autre seulement cinquante sous. Le métayer de Vaubertran a versé quatre-vingt livres, à valoir sur ce qu'il devait au défunt ; il a fourni, en outre, pour la présente année, à la dame Gaultier, trente livres de beurre ; celui du Tertre en a remis aussi trente livres ; celui de la Guilloterie, quarante livres ; celui de la Richotterie, quarante livres. Le prix de la livre de beurre est alors de deux sous ; ce beurre a été apporté dans des pots. Les fermiers ont donné vingt-cinq chapons, qui valent huit sous le couple.

Depuis la mort de René Quantin, on n'a mis au moulin qu'un setier de blé, et le pain a été distribué aux pauvres, le jour des funérailles. Quant au vieux lard et au vin, il en été fait une faible consommation par la veuve, ses enfants, ses serviteurs et les « collons » venus à l'enterrement et au service. La dame Gaultier a acheté, en outre, de la viande fraîche, du poisson et des provisions, dont cependant elle ne réclame pas le remboursement. Toutefois, elle a été obligée d'emprunter, pour solder « les fraictz funeraux et autres menues debtes », et elle fournira son compte explicatif.

Le 8 janvier 1627, la dame Gaultier déclare avoir reçu, « du sieur de la Marre-Juffé », la somme de vingt-sept livres, pour prix d'une pipe de vin clairet, qu'elle lui a vendue la semaine précédente ; elle a aussi eu, du Tertre, une busse de vin semblable, vendue vingt-quatre livres, dont la moitié lui revient ; elle a pris, à la Guilloterie, un quart de vin clairet, à raison de douze livres la busse, « qui est, pour led. quart, six livres » ; plus, au lieu de Vaubertran, une autre busse du même vin, d'un prix semblable.

L'inventaire est clos. L'ensemble des meubles examinés représente un total d'environ quatre mille deux cents livres, non compris les valeurs trouvées après le décès, qui ne s'élèvent qu'à soixante-cinq livres, et les sommes dues « tant par cedulles ou obligations, que pour areages de rentes ». On avait omis d'estimer une montre, donnée par René

Quantin à sa fille, Françoise, et une petite écuelle d'argent, offerte par le défunt à la dame de Hellault. Ces objets sont représentés par leurs détenteurs. La minute de l'inventaire est signée : « Blanchet, Galliczon, Jeanne Gaultier, Jean Quantin, Chailland, Arnoul, Lemoulnier et Collin, greffier susdict ».

Nous espérons que le lecteur aura pris quelque plaisir à nous suivre dans l'analyse détaillée de ce précieux document, qui peut être comparé aux pièces les plus curieuses et les plus instructives du commencement du XVIIe siècle. Comme il l'aura constaté, notre inventaire renferme des détails nouveaux et intéressants sur les familles, sur la magistrature, sur les livres préférés des esprits sérieux de cette époque, sur le mobilier, sur le costume, sur la vie privée à la ville et à la campagne, à Château-Gontier et aux environs, au temps de Louis XIII. Ce volume, de format in-folio, broché, compte 451 pages. L'écriture en est généralement nette et lisible. Il fait partie aujourd'hui de notre collection particulière de manuscrits inédits, relatifs à l'histoire de l'Anjou et du Maine.

TABLE

Mamers. — Typ. G. FLEURY et A. DANGIN. — 1888.